BEI GRIN MACHT SICH IHR WISSEN BEZAHLT

- Wir veröffentlichen Ihre Hausarbeit,
  Bachelor- und Masterarbeit

- Ihr eigenes eBook und Buch -
  weltweit in allen wichtigen Shops

- Verdienen Sie an jedem Verkauf

Jetzt bei www.GRIN.com hochladen und kostenlos publizieren

Samil Caymaz

Diversity in Gruppen und Teams

GRIN Verlag

Bibliografische Information der Deutschen Nationalbibliothek:

Die Deutsche Bibliothek verzeichnet diese Publikation in der Deutschen National-
bibliografie; detaillierte bibliografische Daten sind im Internet über http://dnb.d-
nb.de/ abrufbar.

Impressum:

Copyright © 2006 GRIN Verlag GmbH
Druck und Bindung: Books on Demand GmbH, Norderstedt Germany
ISBN: 978-3-656-82936-2

Dieses Buch bei GRIN:

http://www.grin.com/de/e-book/72067/diversity-in-gruppen-und-teams

GRIN - Your knowledge has value

Der GRIN Verlag publiziert seit 1998 wissenschaftliche Arbeiten von Studenten, Hochschullehrern und anderen Akademikern als eBook und gedrucktes Buch. Die Verlagswebsite www.grin.com ist die ideale Plattform zur Veröffentlichung von Hausarbeiten, Abschlussarbeiten, wissenschaftlichen Aufsätzen, Dissertationen und Fachbüchern.

Besuchen Sie uns im Internet:

http://www.grin.com/

http://www.facebook.com/grincom

http://www.twitter.com/grin_com

Universität Hamburg

Department für Wirtschaft und Politik

Master of Arts HRM / Personalpolitik

Diversity in Gruppen und Teams

Hausarbeit

Im Rahmen der Veranstaltung

Diversity Management

vorgelegt von Samil Caymaz

Hamburg, den 24.Oktober 2006

Gliederung

1. Einleitung

In der Arbeitswelt tauchen immer häufiger Teamstrukturen. Vor diesem Hintergrund überrascht es nicht, dass nunmehr internationale Teamfähigkeit ein durchgängig gefordertes Kriterium an Mitarbeiter ist. Wenn Gruppen & Teams effektiv arbeiten, stellen sie eine ideale Struktur dar, um Leistung zu verbessern, Wissen zu generieren und zu teilen, und schließlich auch die Zufriedenheit der Mitarbeiter zu steigern.[1]

Durch internationale Fusionen, wie DaimlerChrisler oder Siemens & Benq und die steigende internationale Zusammenarbeit im Rahmen der Globalisierung, entstehen zunehmend mehr Teams, die sich aus Mitgliedern verschiedener Nationen und Kulturkreisen zusammensetzen. Der Einfluss durch eine ausgewogene Zusammensetzung, eine komplexe Aufgabenstellung sowie das Bewusstsein der kulturellen Unterschiede erlauben dem Team eine positive Entwicklung.[2] Demnach wird Diversität in Gruppen & Teams meist einen positiven Einfluss zugeschrieben und gewinnt immer mehr an Bedeutung in der multikulturellen Welt.

Diversität ist aber nicht nur ein erwünschter Faktor, sondern auch eine erhöhte Herausforderung an die beteiligten Personen. Heterogenität in Gruppen hat in der Gruppenforschung schon lange Tradition.[3] Aber inwieweit der Umgang mit Diversity tatsächlich zum Erfolg von Performancesteigerung in heterogenen Gruppen und Team Vorteile wie Flexibilität und Autonomie gegenüber homogenen erbringt[4], wurde bisher kaum erforscht und belegt.

Ziel dieser Hausarbeit ist es aufzuzeigen, welche Auswirkung Diversity auf Gruppen und deren Performance hat und wie man diese steigern kann. Nach einem einleitenden Kapitel zur Beschreibung von Diversity in Gruppen & Teams und ihre Bedeutung wird anhand theoretischer Literaturanalyse und gewonnener empirischer Forschungsergebnisse tiefer auf die Problematik bzw. Effekte der Heterogenität eingegangen. Im vierten Kapitel folgt die Diskussion über Effekte von Diversity in Gruppen & Teams. Daraufhin werden im fünften Kapitel Moderatoren und Diversity-Maßnahmen aufgezeigt, die zur Steigerung der Performance heterogener Gruppen eingesetzt werden können.

2. Diversity in Gruppen und Teams

Bereits 1991 haben Cox und Blake (1991)[5] auf den Zusammenhang von Diversity Management und erhöhter Kreativität sowie Problemlösungskompetenz von heterogenen Gruppen hingewiesen. So argumentieren sie, basierend auf Studien, dass Diversity Management, indem es die Heterogenität in einem Unternehmen fördert, betriebswirtschaftliche Vorteile bringen kann, da heterogene Gruppen verglichen mit solchen homogener Zusammensetzung,

---

[1] Vgl. Tannenbaum/Sales 1996, S. 504
[2] Vgl. Lehmann/Bergh 2004, S. 27
[3] Vgl. Steiner 1972
[4] Vgl. Snell/Snow 1998, S. 147
[5] Vgl. Cox/Blake 1991

kreativere Lösungsansätze[6] liefern und somit ihre Gruppenperformance besser ist. Dieses Potential heterogener Gruppen ist durch die vielfältigen Erfahrungen und kulturellen Hintergründe ihrer Mitglieder bedingt, die zu variantenreicheren Alternativen, unterschiedlichen Herangehensweisen an Problemstellungen[7] und der Vermeidung von starrem Gruppendenken führen. Die Autoren weisen aber auch darauf hin, dass dieses Potential zur Verbesserung der Gruppenperformance nur genützt werden kann, wenn die vielfältig zusammengesetzten Arbeitsgruppen durch Diversity richtig gemanagt und trainiert werden.[8] Die Argumentationslinie vieler deutschsprachiger AutorInnen beruht ebenfalls auf diesen Kausalzusammenhängen und auf die teilweise gleichen Studien.[9] Dennoch zeigt sich bei genauerer Betrachtung der Studien der Gruppenforschung, dass heterogene Gruppen & Teams, aufgrund vermehrter Stereotypen und daraus resultierenden Konflikten sowie Fluktuation und Absentismus, teilweise auch schlechtere Performanceraten liefern als homogene Teams. Dieser Punkt wird in der Forschung sehr stark diskutiert.[10]

Kandola und Fullerton (1998) berücksichtigen diese Tatsache, indem sie verbesserte Teamperformance durch Diversity Management als „debatable benefit" einordnen und daher auch kritischer betrachten.[11] "Rather than boldly asserting that diversity will automatically increase team effectiveness, energy needs to be channelled into providing a solid research base from which benefits can be clearly outlined."[12] Aus diesem Grund soll in den nachfolgenden Kapiteln eine kritischere Betrachtung des Zusammenhangs "Vielfalt und Gruppenperformance" durchgeführt sowie den Einfluss von Managing Diversity zur Steigerung der Performance von Gruppen dargelegt werden. Die Heterogenität in Arbeitsgruppen wird künftig auch weiter zunehmen. Daher stellt sich die Frage, wie das Potential, das durch diese Vielfalt besteht, gehoben werden kann.[13]

2.1 Definitionen von Diversity und Diversity-Dimension

In den USA wird unter dem Gesichtspunkt Chancengleichheit (Rasse, Geschlecht und Disability) Diversity Management eingesetzt, um den Unternehmen eine Nichtdiskriminierung dieser Interessensgruppen reizvoll zu machen.[14]

Diversity findet seit Mitte der 90er Jahren auch in Europa und Deutschland immer mehr Interesse,[15] da durch die zunehmende multikulturelle Belegschaft ein größeres Produktions- und Imagepotenzial geschaffen wurde.[16] Es geht bei Diversity um die Heterogenität in der Zu-

---

[6] Vgl. Krell 2004, S. 45
[7] Vgl. Krell 2004, S. 45
[8] Vgl. Cox/Blake 1991, S. 50f.
[9] Vgl. Krell 2001, S. 22; S. 53; Sepehri 2002, S. 183f.; Stuber 2002, S. 52; Wagner/Sepehri 2000, S. 460
[10] Vgl. Ely/Thomas 2001, S. 229; Williams/O'Reilly 1998, S.79
[11] Vgl. Kandola/Fullerton 1998, S: 48f.
[12] Vgl. ebenda, S. 50
[13] Vgl. Kandola/Fullerton 1998, S. 50; Stumpf/Thomas 1999, S. 36
[14] Vgl. Ladwig, 2003, S. 448
[15] Vgl. Berry/Bateman 1996, S. 757
[16] Vgl. Meier 2004, S. 229

sammensetzung der Gruppe oder der Verschiedenheit der Gruppenmitglieder. Aber eine global gültige Definition des Begriffs „Diversity" ist aufgrund der verschiedenen und teilweise sogar widersprüchlichen Sichtweisen, Ansätze und Publikationen kaum möglich.[17] Einige Autoren betrachten nur die sichtbaren Unterschiede (z.B. Hautfarbe, Alter, Geschlecht, etc.), andere sprechen auch den unsichtbaren Erscheinungsformen (z.B. kulturellen und sozioökonomischen Unterschieden) eine große Relevanz zu. Am weitesten lässt sich der Begriff fassen, wenn man alle möglichen Unterschiede von Menschen dazuzählt.[18]

Milliken und Martins (1996) teilen die Erscheinungsformen von Diversity in zwei übergeordnete Gruppen, in wahrnehmbare und kaum wahrnehmbare. Zu den wahrnehmbaren Erscheinungsformen zählen Rasse, Nationalität, Alter und Geschlecht. Aufgrund ihrer meist guten Wahrnehmbarkeit spielen sie bei sozialen Kategorisierungsprozessen sowie der Bildung von Stereotypen und Vorurteilen eine große Rolle.[19] Kaum wahrnehmbare Erscheinungsformen können in „Wertunterschiede" (z.B. Einstellungen, Persönlichkeit, kulturelle Werte, Religion etc.), „Fähigkeiten- und Wissensunterschiede" (z.B. Bildung, Fachkompetenz, Berufserfahrung, Hierarchieebenen etc.) sowie „Unterschiede in der Betriebszugehörigkeit" (Dauer der Betriebs- bzw. Gruppenzugehörigkeit) unterteilt werden.[20]

In der Praxis werden die Definitionen des Begriffs „Diversity" von Führungskräften sehr weit gehalten.[21] Von Führungskräften selbst wird die Definition des Begriffs „Diversity" sehr eng an jener der Wissenschaft angelehnt, wobei eine Tendenz zu einer sehr weiten Definition feststellbar ist.[22] Stuber (2002a) stellt, basierend auf einer Umfrage unter 10 europäischen Unternehmen und 10 US-amerikanischen Tochterfirmen mit Firmensitz in Europa fest, dass 2/3 den Begriff sehr weit, jedoch noch mit einer begrenzten Anzahl von Attributen definierten, während 1/3 der Partizipanten keine Attribute angaben und sämtlich mögliche Unterschiede zum Begriff Diversity zählten.[23]

Wagner und Sepehri (2000a) sehen nach einer Befragung von 185 deutschen Führungskräften des Unternehmen Siemens Diversity ebenfalls als sehr weit definiert an, jedoch mit einer klaren Hierarchie unter den darunter verstandenen Attributen. So messen die Befragten den Unterscheidungsmerkmalen Fachkompetenz, Persönlichkeit, Bildung und Sprache besondere Wichtigkeit bei, während angeblich sexuelle Neigung, Religion und Rasse hier zu Lande an letzter Stelle stehen.[24]

---

[17] Vgl. Dass/Parker 1999, S. 68f; Williams/O`Railly 1998, S. 80; Wagner/Sepehri 2000, S. 456
[18] Vgl. Sepehri 2002, S. 90; Singh 2002, S. 2; Wagner/Sepehri 2000, S. 457
[19] Vgl. Milliken/Martins 1996, S. 403; Sackmann/Bissels/Bissels 2002, S. 45; Sepehri 2002, S. 90f.
[20] Vgl. Sepehri 2002, S. 91
[21] Vgl. Hickman/Creighton-Zollar 1998, S. 187; Stuber 2002, S. 49; Suber 2002a, S. 136
[22] Vgl. Stuber 2002, S. 49; Suber 2002a, S. 136
[23] Vgl. Stuber 2002a, S. 138
[24] Vgl. Wagner/Sepehri 2000a, S. 56

Zusammenfassend sollte Diversity aber nicht beschränkt auf trennende Gegensatzpaare, wie Ethnizität oder Geschlecht, die zu Gruppenbildung und Stereotypisierung führen[25], verstanden werden. Denn schon innerhalb einer demographischen Gruppe kann ebensoviel Mannigfaltigkeit, Vorstellungen und Verhaltensweisen existieren, wie zwischen verschiedenen demographischen Gruppen. Vielfältigkeit ist eine Mischung von Attributen, Verhaltensweisen, Eigenschaften und Talenten, die sehr komplex ist und sich ständig erneuert.[26]

2.2 Definitionen von Gruppen und Teams

Gruppen und Teams sind aus modernen Organisationen nicht mehr wegzudenken. Jedoch gibt es zahlreiche und unterschiedliche Definitionen der Begriffe „Gruppe" und „Team". Hierzu gibt es zahlreiche und verschiedene Auffassungen. Unter anderem teilen sich Meinungen, ob ein Unterschied zwischen Gruppen & Teams gemacht werden sollen. Die sozialen Gebilde hinter diesen Begriffen variieren bezüglich ihres Autonomiegrades, ihrer zeitlichen Dimension, ihrer Aufgabenstellung sowie ihrer Zusammensetzung ihrer Mitglieder.[27] Dennoch sollen diese beiden Begriffe im Kontext dieser Hausarbeit synonym verwenden werden.

Für von Rosenstiel (1995) gibt es folgende Bestimmungsmerkmale einer Gruppe: eine Mehrzahl von Personen, eine unmittelbare Interaktion, eine zeitliche Erstreckung der Interaktion, eine Differenzierung nach Rollen, gemeinsame Werte, Normen und Ziele sowie ein Wir-Gefühl und Kohäsion. In Gruppen beziehen sich die Ziele auf die Arbeit als Tätigkeit mit Verwendungszweck des Resultats.[28]

Teams stellen eine Spezialform von Gruppen dar, jedoch werden sie meist als darüber hinaus gehend interpretiert. Robins sieht das Besondere unter Teams darin, dass sie durch organisierten Aufwand positive Synergien generieren, wohingegen Gruppen vor allem nur zu Informations-, Entscheidungs- und Unterstützungszwecken interagieren.[29]

Dessen ungeachtet läßt sich ein gemeinsamer Nenner zwischen Gruppe und Team finden: „A team is defined as a dynamic integration of individuals who are committed to a common purpose and set of performance goals for which they hold themselves mutually accountable, and whose efforts produce something beyond individual end products."[30]

Gruppen & Teams und ihre Bedeutung wird in der Zukunft zunehmen, da Produkte und Technologien immer komplexer werden, und das Wissen und die Erfahrung von mehreren Personen notwendig sind. Zudem wird es notwendig sein, Arbeitsgruppen quer über die Organisationsstruktur zu bilden, da die komplexen Probleme nicht mehr in klassischen Linienorganisationen gelöst werden können. Des Weiteren wird die Bedeutung von Kommunikati-

---

[25] Vgl. Rastetter 2006, S. 7
[26] Vgl. Thomas 2001, S. 27
[27] Vgl. Stumpf/Thomas 1999, S. 36
[28] Vgl. Rosenstiel, L. v. 1995
[29] Vgl. Robbins 1998, S. 286
[30] Thompson/Gooler 1996, S. 397

on, Koordination und Kooperation steigen, da die einzelnen Gruppen- bzw. Teammitglieder von der Lösung ihrer Aufgaben von einander abhängig sind.[31]

Zu beachten ist, dass Mitglieder von Teams trotz ihrer Gemeinsamkeiten nie völlig homogen sind, was sich verdeutlicht in ihrem Geschlecht, Ethnizität, Alter, Erfahrung, Denkmustern, Betriebszugehörigkeit, Bildungsgrad, ect.[32] Dessen ungeachtet reduziert die Gruppenforschung die Ausprägungen in ihrer Anzahl auf demografische Charakteristika, wie Alter, Geschlecht und Ethnizität, da sie sichtbar und von Individuen kategorisierbar und damit ihre Wahrnehmung seiner Umwelt vereinfacht wird. Vorurteile und Stereotypenbildung beruhen meist auf diesen Kategorisierungsmerkmalen und haben negative Auswirkungen auf den Gruppenprozess und die Gruppenleistung.[33]

3. Auswirkungen von Diversity auf Individuen und Gruppen

Der Effekt von Diversity auf Gruppen & Teams und deren Performance hängt von der Zugangsweise der Betrachtung ab. In der Sozialpsychologie sind dabei hauptsächlich drei theoretische Zugangsmöglichkeiten verbreitet:
- Social Categorization Theory
- Similarity Attraction Paradigma
- Information and Decision-making Approach

3.1 Social Categorization Theorie

Tajfel (1981)[34] und Turner (1986)[35] haben die am weitesten verbreitete Theorie in der wissenschaftlichen Forschung über Auswirkung von Vielfalt auf Gruppenprozesse und – performance entwickelt. Die Social Categorization Theorie geht davon aus, dass Individuen ein Bedürfnis nach hoher Selbstachtung haben. Das erreichen sie, indem sie durch Identifizierung ihres Selbst (selfs categorization) mit anderen vergleichen. Die Kriterien für die Gruppendefinition können beispielsweise die Merkmale Geschlecht, Ethnizität, Alter, Berufserfahrung, Status, etc. sein. Der eben genannte Prozess gibt dem Individuum eine soziale Identität und versucht, aufgrund der Unterschiede zwischen der eigenen und der anderen Gruppe kognitiv zu vergrößern und die Mitglieder anderer Gruppen abzuwerten. Diese Selbstkategorisierungs-Theorie beruht meist auf Kriterien, die auf die Arbeitsleistung selbst wenig Auswirkung haben, sondern führt dazu, dass Mitglieder anderer Vergleichsgruppen zum Beispiel nicht vertrauenswürdig und ehrlich angesehen werden, das heißt, dass das „Anderssein" ein Defizit darstellt.[36]

---

[31] Vgl. Stumpf/Thomas 1999, S. 36
[32] Vgl. Ladwig 2003, S. 450 in Anlehnung an McGrath/Berdahl/Arrow 1995, S. 23
[33] Vgl. William/O`Reilly 1998, S. 81f.
[34] Vgl. Taijfel 1981
[35] Vgl. Turner 1986
[36] Vgl. William/O`Reilly 1998, S. 83f.

Dieser Kategorisierungsprozess hat im Zusammenhang mit Heterogenität in der demographischen Zusammensetzung von Teams Auswirkungen auf die Gruppenprozesse, die sich im Zusammenhalt, in der Kommunikation, in Konflikte, etc.. Diese Bildung von Stereotypen hat wiederum zur Folge, dass die Gruppenperformance die gemeinsam zu erreichenden Ziele beeinflusst. Studien der Gruppenforschung, die auf dieser Theorie aufbauen kommen oft zu dem Ergebnis, dass sich die Vielfalt oft negativ in Gruppen und ihren Prozessen und Leistung negativ auswirkt.[37]

3.2 Similarity Attraction Paradigma

Eine zweite Theorie, die in der Gruppenforschung durch Forschungsergebnisse abgesichert ist, stellt das Similarity Attraction Paradigma von Byrne (1971)[38] und nach Berscheid und Walster (1978)[39] dar. Bei dieser Theorie geht man von der Tatsache aus, dass Individuen, die einen ähnlichen Backround in Bezug auf Erfahrung, Werte, Kultur etc. haben, können leichter in Kontakt treten und einen stabileren Kontakt als bei gegenteiligen Individuen aufbauen. In ihren Studienwird deutlich, dass Individuen wenn sie die Möglichkeit haben mit mehreren Personen in Kontakt zu treten, sie die Tendenz zeigen, ihnen ähnlichen Personen auszuwählen. Der Grund dafür ist, dass sie sich in ihren Werten und Einstellungen eher in Gruppen mit ihm ähnlichen Mitgliedern bestätigen.[40] Deshalb steht auch der Similarity Attraction Paradigma im engen Zusammenhang mit der Social Categorization Theory, da die Verstärkung und Bestätigung eigener Werte und Annahmen die Selbstidentität stärkt.

Ausgehend von diesem Paradigma zeigen empirische Studien zum Großteil, dass Heterogenität in Gruppen & Teams mittels negativeren Einstellungen gegenüber anderen Mitgliedern zu weniger Kommunikation führen kann.[41] Demzufolge sind Gruppenprozesse konfliktreicher und ggf. zeigen Gruppen & Teams eine verminderte Leistung sowie höhere Fluktuation.

3.3 Information and Decision-making Approach

Eine andere Theorie, die bei der Erforschung von Performancevorteilen heterogener Gruppen eine Rolle spielt, ist der „Information and Decision-making Approach"[42], der erläutert, welche Auswirkungen Vielfalt in der Gruppenzusammensetzung auf den Informations- und Entscheidungsprozess des Teams hat.

Dadurch dass Individuen dazu tendieren, eher mit ähnlichen Personen zu kommunizieren, haben heterogene Gruppenmitglieder vermehrt Kontakt zu Informationsnetzwerken, die außerhalb ihrer Gruppe liegen. Sie haben dadurch Zugang zu zusätzlichen Informationen, die sie in die Gruppenarbeit einbringen können und die Qualität der Entscheidungen innerhalb der

---

[37] Vgl. Richard/Kochan/McMillan-Capehart 2002, S. 269
[38] Vgl. Byrne 1971
[39] Vgl. Berscheid/Walster 1978
[40] Vgl. William/O`Reilly 1998, S. 85
[41] Vgl. ebenda; Richard/Kochan/McMillan-Capehart 2002, S. 270
[42] Vgl. William/O`Reilly 1998, S. 81f.

Gruppe positiv beeinflussen können. Vertreter dieser Theorie gehen davon aus, dass Vielfalt in Gruppen qualitativ und quantitativ die Fähigkeiten, Informationen, Wissen und Erfahrung in der Gruppe erhöhen kann. Die Ergebnisse sind meist kreativere Perspektiven und alternativere Lösungsansätze. Durch Diversity in der Gruppe können bessere Gruppenleistungen (z.b. Lösen von komplexen Problemen, Produktentwicklungen und –designs, ect.) erbracht werden. Kriterium für neue Informationen durch Heterogenität in Gruppen & Teams ist aber, dass Gruppenmitglieder zur Verfügung stellen und es ihnen auch ermöglicht wird.[43]

Trotz der vielen Vorteile durch Diversity in Gruppen & Teams, existieren es in der Literatur kaum Studien über die Auswirkung von Gruppenheterogenität auf Entscheidungsprozesse. Dennoch gibt es Forschungsergebnisse, die Zusammenhänge zwischen Heterogenität von Geschlecht und Ethnizität und gesteigerte Gruppenperformance durch variantenreichere Lösungsansätze aufzeigen.[44]

4. Empirische Studien zur Wirkung von Diversity auf Gruppenperformance

Wie bereits in den vorangegangenen Kapiteln erwähnt, liefern empirische Untersuchungen unterschiedliche Ergebnisse auf die Frage, wie Diversity auf Gruppenperformance und Gruppenprozesse wirkt, und ob heterogene Gruppen homogenen überlegen sind. Untersuchungen brachten positive als auch negative Effekte zwischen Vielfalt und Gruppenperformance.[45] Die beiden Autoren Milliken und Martins (1996) meinen demnach: "Diversity appears to be a double-edged sword, increasing the opportunity for creativity as well as the likelihood that group members will be dissatisfied and fail to identify with the group."[46]

AutorInnen begründen diese Widersprüchlichkeiten hauptsächlich durch die Schwierigkeit, Diversity genau zu definieren. Einige Studien erklären Diversity anhand von Dimensionen wie etwa Geschlecht, Alter und Ethnizität, während andere wieder Kriterien wie z. B. Werte und Hintergrund heranziehen.[47] Viele Studien, die eine bessere Gruppenperformance durch Diversity als Ergebnis angeben, definieren Vielfalt mittels individueller Attribute, wie Persönlichkeit, Fähigkeiten, etc. und nicht anhand sichtbarer Attribute, wie Ethnizität und Geschlecht, für die die Mehrheit der Studien eher negative Auswirkungen auf Gruppenprozesse und -leistung beweisen.[48] Weiterhin kann abgeleitet werden, dass Untersuchungsergebnisse, die Vielfalt überwiegend positive Effekte ausstellen, auf Laboruntersuchungen beruhen, während, Studien, die anhand real arbeitender Arbeitsgruppen durchgeführt wurden, eine Neigung zu gegenteiligen Ergebnissen haben.[49]

---

[43] Vgl. Williams/O`Reilly 1998, S. 86f.
[44] Vgl. ebenda
[45] Vgl. Ely/Thomas 2001, S. 30
[46] Miliken/Martins 1996, S. 403
[47] Vgl. Chatman/Flynn 2001, S. 956
[48] Vgl. Williams/O`Reilly 1998, S. 79
[49] Vgl. Williams/O`Reilly 1998, S. 79

Williams und O'Reilly (1998) ziehen nach Begutachtung und Analyse von über 80 Studien von den Jahren 1958 bis 1998 zu den Auswirkungen demographischer Vielfalt in Gruppen auf Gruppenprozesse und -performance zwei Annahmen[50]:

1. "First there is substantial evidence from both laboratory and field studies...that variations in group compositions can have important effects on group functioning."[51] Erhöhte Heterogenität, vor allem in Hinsicht auf Alter, Dauer der Betriebszugehörigkeit und Ethnizität, hat allgemein eher negative Auswirkungen auf die Kommunikation, soziale Integration und Konflikte in Gruppen. Vielfalt, die mit unterschiedlichen Bildungshintergründen sowie funktionaler Diversität definiert wird, werden eher positive Effekte zugesprochen. Konflikte, die durch Vielfalt in Gruppen erhöht werden, haben Studien jedoch gezeigt, dass diese sowohl positive, als auch negative Auswirkungen auf die Gruppenperformance haben können.[52]

2. "...increased diversity typically has negative effects on the ability of the group to meet its members' needs and to function effectively over time."[53] Das Individuum wird ebenso durch der Heterogenität beeinflusst[54] zum einen in seinem Fühlen und zum anderen in seiner Leistungsbeurteilung. Dieses kann sich Auswirkungen in verringerter Arbeitszufriedenheit und Engagement, schlechterer Leistungsbeurteilungen für die Minderheitsangehörigen, als auch höheren Absentismus- und Fluktuationsraten.[55] Des Weiteren wird aufgezeigt, dass sichtbare Unterschiede, wie Geschlecht und Ethnizität, einen größeren Einfluss als weniger sichtbare, wie etwa das Alter der verschiedenen Gruppenmitglieder aufweisen.[56]

Dessen ungeachtet kommen beide Autoren zum Ergebnis, dass Diversity unter idealen Bedingungen positive Effekte auf die Gruppenperformance[57], wie sie von der Information and Decision-making Theorie prophezeit werden, haben kann. Dafür sind jedoch Maßnahmen und Moderatoren nötig[58], um diese idealen Bedingungen zu schaffen, da Diversity eher negative Folgen für die Gruppenperformance hat.

Zusammenfassend ist es nicht möglich, zu sagen, dass Vielfalt die Gruppenperformance steigern lässt. Sie bringt sogar bei falschem Managing auch Prozess- und Performanceverluste mit sich. Deshalb ist es von Bedeutung sich mit den positiven und negativen Effekten von Heterogenität auseinanderzusetzen. Nur auf diesem Weg können die Gründe gefunden wer-

---

[50] Vgl. Williams/O`Reilly 1998, S. 115
[51] Williams/O`Reilly 1998, S. 115
[52] Vgl. ebenda
[53] Williams/O`Reilly 1998, S. 116
[54] Vgl. Sackmann/Bissels/Bissels 2002, S. 50
[55] Vgl. Williams/O`Reilly 1998, S. 116f.
[56] Vgl. ebenda
[57] Vgl. ebenda
[58] Vgl. Kapitel 6

den, um die vorhergesagten Potenziale wie Innovationskraft, Problemlösefähigkeit, erhöhte Flexibilität und Kreativität in der Teamarbeit zu nutzen.[59]

Kandola und Fullerton (1998) weisen zusätzlich auf den Punkt hin, dass Gruppenerfolge nicht nur von der Art und dem Ausmaß der geschlechtlichen und ethnischen Vielfalt in Gruppen abhängt, sondern wie im nächsten Kapitel gezeigt wird andere sehr wichtige Einflussfaktoren, wie etwa die Fähigkeit des Teamleaders, die Dauer der Zusammenarbeit, der Beschaffenheit der Aufgabe, etc.[60]

5. Managing Diversity zur Steigerung der Performance heterogener Gruppen

Wie weiter oben bereits genannt wurde, ist es möglich durch effektives Diversity Management Gruppenkonflikte und Performanceverluste geringer zu halten. Einige AutorInnen empfehlen deshalb Moderationsmöglichkeiten und die Berücksichtigung von bestimmten Kriterien. Nach Steiner (1972) kann anhand von Moderatoren und Maßnahmen, die die Gruppenproduktivität positiv beeinflussen, durch die Produktivitätsformel erklärt werden:

Aktuelle Produktivität = Potentielle Produktivität - Prozessverluste[61]

Durch Moderatoren können nun die Prozessverluste wie Konflikte, Stereotypisierung, Fluktuation, ect. verringert werden. Deshalb kann die aktuelle Produktivität der heterogenen Gruppen durch erhöhtes Wissen, unterschiedliche Denkweisen und Einstellungen und vielfältige Erfahrungen etc. gegeben werden, heranziehen.[62] Langfristig können dadurch auch Kosten reduziert werden.[63] So können durch folgende Moderatoren die Gruppenperformance heterogener Teams gesteigert werden: Organisationskultur,[64] Gruppen- & Teamstruktur[65], Zeit für die Formung der Gruppenstruktur[66], Teamleader[67] und Trainingsmaßnahmen[68]

Organisationskultur

Laut Forschungsergebnisse hat die Beschaffenheit der Organisationskultur eine Auswirkung auf Gruppenprozesse.[69] So fördert eine starke Organisationskultur, die übergeordnete Ziele und gemeinsame Werte vertritt, positive Sichtweisen von Konflikten, die zurückzuführen auf heterogene Teamzusammensetzung sind. So sagt Williams und O`Reilly, dass „ …organizational culture, manifest in the normst hat define groups and organizations, may be a powerful way for managers to use informational and social influence processes to encourage

---

[59] Vgl. Kandola/Fullerton 1998, S. 50
[60] Vgl. ebenda
[61] Vgl. Steiner (1972) zitiert nach Stumpf/Thomas 1999, S. 38
[62] Vgl. Sepehri 2002, S. 183f.
[63] Vgl. Stumpf/Thomas 1999, S. 38
[64] Vgl. Richard/Kochan/McMillan-Capehart 2002, S. 403
[65] Vgl. Ladwig 2003, S. 453; Sackmann/Bissels/Bissels 2002, S. 51
[66] Vgl. Barzantny 2005, S. 156; Harrison/Price/Bell 1998, S. 197
[67] Vgl. Ladwig 2003, S. 454
[68] Vgl. Mossmüller/Podsiadlowski/Spieß 2000, S. 216
[69] Vgl. Richard/Kochan/McMillan-Capehart 2002, S. 278

solidarity rather than divisivness."[70] Eine starke Organisationkultur kann auch Nachteile mit sich bringen. Einerseits wird nur die dominante Organisationkultur und deren Ziele repräsentiert, wobei andere Subgruppen sich nicht mit den übergeordneten Zielen identifizieren können und somit nicht generiert werden.[71] Andererseits gewähren dominante Gruppen keine Änderung in ihrer Gruppenkultur[72] und versuchen Konflikte zu vermeiden wobei sie besonders schnell einen Konsens erreichen wollen und damit in die Falle des Gruppendenkens tappen[73]. Um den Risiken einer dominanten Organisationskultur entgegenzuwirken, sollte sie eine individuelle Identifikation ermöglichen.[74] Demnach kann eine Unternehmenskultur, die Diversity fördert, indem die Person und seine Kompetenz anerkannt und wertgeschätzt wird.

Team- und Gruppenstruktur

Die Team und Gruppenstruktur beeinflussen das Verhalten der Mitglieder und haben ebenso einen Einfluss auf die Leistung.[75] So sollte das neue Team nach Diversity-Kriterien zusammengesetzt werden, wobei verschiedene Methoden zur Mischung von Homogenität und Heterogenität in einer Gruppe gewährleisten.[76] So kann mittels Criss-Cross- oder Cross-Cutting-Technik[77] Art und Ausmaß der Heterogenität kontrolliert werden. Stumpf und Thomas erwähnen zudem, dass eine Balance zwischen Homogenität und Heterogenität herrschen soll, damit bessere Gruppenperformance erreicht wird.[78] Des Weiteren spielt bei der Gruppenzusammensetzung die Art der Aufgabenstellung und die Teamform eine wichtige Rolle. So haben heterogene Gruppen bei komplexen Aufgabenstellungen, die viel Erfahrung und Fähigkeiten zur Lösungsfindung fordern, einen Vorteil.[79] Eine weitere Strukturvariable sind u. a. Rollenverständnis und Gruppenzusammenhalt.[80] Jedes Mitglied einer Gruppe spielt gewissermaßen eine bestimmte Rolle. Diese umfasst ein von ihm erwartetes Verhaltensmuster, entsprechend der eingenommenen Position. Dies bedeutet somit, dass das Verhalten eines Gruppenmitglieds nur dann richtig interpretiert werden kann, wenn die Rolle einer Person verstanden wird.[81] Das Verhalten eines Gruppenmitglieds verändert sich bei einem Rollenwechsel. Dementsprechend haben Teammitglieder eine gewisse Erwartung bezüglich der Rollenausführung. Schließlich entwickelt sich auf Dauer ein Gruppenzusammenhalt, also ein bestimm-

---

[70] Williams/O`Reilly 1998, S. 121
[71] Vgl. Sackmann/Bissels/Bissels 2002, S. 50
[72] Vgl. Rastetter 2006, S.19
[73] Vgl. Janis/Mann 1977, S. 132 zitiert nach Barzantny 2005, S. 150; Rastetter 2006, S. 19
[74] Vgl. ebenda
[75] Vgl. Robins 1998, S. 251
[76] Vgl. Rastetter 2006, S. 20
[77] siehe dazu Rastetter 2006, S.20 und Sackmann/Bissels/Bissels 2002, S. 51
[78] Vgl. Stumpf/Thomas 1999, S. 39
[79] Vgl. ebenda; Ladwig 2003, S. 453
[80] Vgl. Robbins 1998, S. 251
[81] Vgl. Ebenda, S. 252

tes Ausmaß in wie weit sich die Teammitglieder zueinander zugehörig fühlen und im Team bleiben wollen.[82]

Zeit für die Formung der Gruppen bzw. Teams

Watson et al hat über längere Zeit in einer Studie über die Performance und Gruppenprozesse von homogenen und heterogenen Arbeitsgruppen verglichen und hat herausgefunden, dass mit der Zeit die Interaktionsprozesse und die Performance in der heterogenen Gruppe stärker zunahmen und schließlich mehr Problemlösungen lieferten als homogene. Am Ende jedoch lagen beide Beobachtungsgruppen in Bezug auf die Gesamtleistung gleich.[83] Deshalb sollten heterogene Arbeitsgruppen vermehrt Zeit bekommen, um mit Verschiedenheiten besser umzugehen,[84] das heißt teambildende und teamverstärkende Erfahrung zu machen[85].

Teamführung

Bei der Führung einer heterogenen Gruppe ist es wichtig, dass diese Diverisitysensibilität und Wertneutralität mitbringt.[86] Um den Führungsanforderungen gerecht zu werden müssen unterschiedliche Führungskonzepte, je nach Gruppenzusammensetzung, Aufgabenstellung und Reifegrad des Teams erbracht werden.[87] Ladwig empfiehlt drei Führungsstile: Beim Diversity-Team, die einen geringen aufgabenbezogenen Reifegrad verfügen, wird ein autoritärer Führungsstil empfohlen. In einem reifen Team ist der integrierende Führungsstil angebracht. Die Entscheidungsfindung kann bei zunehmender Reife mehr und mehr partizipativ erfolgen, wobei Teams mit besonders hohem Reifegrad einem delegierenden Führungsstil entgegenkommen.[88] Im Extremfall kann sogar die Führung wegfallen, das heißt die Gruppe bekommt Zielvorgaben und entscheidet selbst über Mittel und Wege.[89] Bei der Führung ist ebenso das Konfliktmanagement von Bedeutung, da gerade in heterogenen Gruppen, wie weiter oben erwähnt, es zu erhöhten Konfliktsituationen kommt. „Der Erfolg von Diversity-Teams hängt demnach nicht de facto davon ab, dass sie heterogen zusammengesetzt sind, sondern wie sie in ihrer Heterogenität gemanagt werden."[90]

Trainingsmaßnahmen

Wie schon erwähnt, ergaben aus den Studien, dass die Effektivität von heterogenen Gruppen über die Zeit steigt. Deshalb kann die Notwendigkeit bestehen durch Teamentwicklung und Trainings, den Reifegrad des Teams oder der einzelnen Teammitglieder zu erhöhen.[91] Vorab sollte eine Bedarfanalyse in einer Art Vorbereitungsphase auf das Training vorgenommen

---

[82] Vgl. ebenda, S. 253
[83] Vgl. Watson/Kumar/Michaelsen 1993, S. 596
[84] Vgl. Hickmann/Creighton-Zollar 1998, S. 197
[85] Vgl. Barzantny 2005, S. 157
[86] Vgl. Rastetter 2006, S. 21
[87] Vgl. Rosenstiel 2003, Kap.5.3
[88] Vgl. Ladwig 2003, S. 454-455
[89] Vgl. Scholz 1994, S. 462ff. zitiert nach Ladwig 2003, S. 455
[90] Adler 1991, S. 111 zitiert nach Ladwig 2003, S. 455
[91] Vgl. Ladwig 2003, S. 455

werden,[92] bei der ein Potentialprofil jedes Einzelnen und des gesamten Teams erhält. Der daraus resultierende Weiterentwicklungsbedarf sollte dann mit Diversity-Trainings versucht werden zu befriedigen.[93] In Hinsicht auf die Verbesserung von Gruppenprozessen können ebenfalls Awareness- und Skill-Trainings Anwendung finden. Awareness-Trainings dienen einerseits dazu, dass den Gruppenmitgliedern die Vielfalt, die nicht nur auf sichtbare Merkmale beschränkt und in jeder Gruppe vorhanden sind, zu verdeutlichen. Den Teammitgliedern soll bewusst werden, dass diese Unterschiede auch mit positiven und negativen Auswirkungen verbunden sind. Dieser Bewußtwerdungsprozess trägt zur Reduzierung von Konflikten bei.[94] Andererseits bieten sich speziell auf Gruppensituationen abgestimmte Skill-Trainings, wie z.B. (interkulturelles) Konfliktmanagement, (interkulturelle) Kommunikation, Teamentwicklung und Projektmanagement an, die nur bei längerer Gruppen- und Teamarbeit angewandt werden.[95]

6. Fazit und Ausblick

Im Rahmen dieser Hausarbeit wurden in den ersten Kapiteln die theoretischen Grundlagen zu Diversity und Gruppen & Teams im Hinblick auf die Bedeutung von Diversity in Gruppen & Teams dargestellt. Es folgten im nächsten Abschnitt theoretische Zugangsweisen der Betrachtung aus der Sozialpsychologie, die es erlaubt die Auswirkungen von Vielfalt auf Individuen und Gruppen zu erklären. Anschließend wurden empirische Studien zur Auswirkungen von Diversity auf Gruppenperformance und Gruppenprozesse herangezogen, um zu diskutieren, ob heterogene Gruppen homogenen überlegen sind. Darauf aufbauend wurde erkannt, dass unter idealen Bedingungen Diversity positive Effekte auf die Gruppenperformance bringt und dass es notwendig ist, um ideale Bedingungen zu schaffen, dafür jedoch Maßnahmen und Moderatoren benötigt werden. Schließlich wurden um Performanceverluste von heterogenen Gruppen gering zu halten, Interventionsmöglichkeiten durch verschiedene Moderatoren und Diversity-Trainings vorgestellt.

Zusammenfassend kann gesagt werden, dass heterogene Gruppen & Teams Chancen der größeren Effektivität besitzen. Aus den obigen Ausführungen ist jedoch erkenntlich geworden, dass insbesondere heterogene Gruppen & Teams auf spezifische Probleme stoßen, die überwunden werden müssen, damit eine erfolgreiche Zusammenarbeit möglich ist. Der besondere Entwicklungsprozess der heterogenen Gruppe & Teams zeigt deutlich, dass in Form eine vorbereitenden Trainings empfehlenswert und erforderlich ist. Da die Hindernisse vor allem in den Anfangsphasen der Entwicklung versteckt liegen, unterstützt eine Intervention eine schnellere Entwicklung und somit ein zügigeres Erreichen eines produktiven Umfelds. Des Weiteren ist bei der Bildung des Teams unerlässlich, dass die Unternehmensführung unter-

---

[92] Vgl. Mossmüller/Podsiadlowski/Spieß 2000, S. 216
[93] Vgl. ebenda, S. 457
[94] Vgl. Hickmann/Creighton-Zollar 1998, S. 196f.; Richard/Kochan/McMillan-Capehart 2002, S. 279f.
[95] Vgl. ebenda; Rastetter 2006, S. 17-18

stützt und Trainer oder externe Berater heranzieht.[96] Künftig wäre es wünschenswert Lang-zeitstudien zur besseren Erforschung einzusetzen, die recht schwierig sind, da die meisten Teams eher für kurze Zeit zusammengesetzt werden, um kurzfristige Aufgaben zu erledigen. Dagegen schaffen multikulturelle Teams ihre volle Leistung erst jedoch noch nach einer län-geren Zusammenarbeit.[97] Auch sind empirische Studien notwendig, die die Heterogenität von internationalen Teams im Hinblick auf verschiedene Einflussgrößen von Merkmalen und än-derndes Umfeldes untersuchen.[98] So könnten diese Ergebnisse Ansätze liefern, die die Leis-tung heterogener Gruppen & Teams in kürzerer Zeit zur besseren Performance verhelfen. Ei-ne Ergänzung durch Maßnahmen wie Feedback- und Reflexionsgespräche in Bezug auf Leis-tung und Ablauf von Gruppenprozessen dürfte unter Umständen die Performancesteigererung mit sich bringen. Desweiteren können schriftliche Befragungen der Gruppenmitglieder bezüg-lich Gruppenprozesse durchgeführt und die Ergebnisse gemeinsam mit Feedback über die Gruppenperformance an die Gruppe zurückgegeben werden. Auf diese Weise können sie über Ziele, Strategien und Leistungen der Gruppe reflektieren und bei Bedarf neu gestalten oder ändern.

---

[96] Vgl. Barantny 2005, S. 163
[97] Vgl. Barantny 2005, S. 163
[98] Vgl. ebenda

Literatur

Adler, N. J. (1991): International dimensions of organizational behaviour, Boston: PWS-Kent Publishing Company.

Barantny, C. (2005): Ansätze des internationalen Teambuildings. In: Stahl, Günter K.; Mayrhofer, Wolfgang; Kühlman, Torsten M. (Hrsg.): Internationales Personalmanagement – neue Aufgaben, neue Lösungen. München und Mering: Rainer Hampp Verlag S. 145-147

Berry, B.; Bateman, T. S. (1996): A social trap analysis of the management of diverity. In: Academy of Management Review. 21.Jg. Heft 3, 1996. S. 757-790

Walster, E., Walster, G. W.; Berscheid, E. (1978). Equity: Theory and research. Boston: Allyn & Bacon.

Byrne, D. (1971): The Attraction Paradigm. New York: Academic Press

Chatman, J. A.; Flynn, F. J. (2001): The Influence of Demographic Heterogenity on the Emergence and Consequences of Cooperative Norms in Work Teams. In: Academy of Management Journal. Vol. 44, Nr. 5, S. 956-974

Cox, T. H.; Blake, B. (1991): Managing cultural diversity: implications for organizational competitiveness. In: Academy of Management Executive. Vol. 5, No.3, S. 45-56

Dass, P.; Parker, B. (1999): Strategies for managing human resource diversity: From reistance to learning. In: Academy of Management Executive. Vol. 13, Nr. 2, S. 68-80

Ely, R. J.; Thomas, D. A. (2001): Cultural Diversity at Work: The Effects of Diversity Perspectives on Work Group Processes and Outcomes. In: Administrative Science Quarterly, 46, 2, June 2001, S. 229-273

Harrison, D. A.; Price, K. H.; Bell, M. P. (1998): Beyond Relational Demography: Time and Effects of Surface- and Deep-Level Diversity on Work Group Cohesion. In: Academy of Management Journal, Vol. 41, No. 1. Feb. 1998, S.197

Hickmann, G. R.; Creighton-Zollar, A. (1998): Beyond Relational Demogrphy: Time and the Effects of Surface- And Deep-Level Diversity o Work Group Cohesion. In: Academy of Management Journal, Vol. 41, No.1, Feb. 1998, S. 96

Janis, I.L.; Mann, L. (1977): Decision Making: A psychological analysis of conflict, choice and commitment. New York: Free Press

Kandola H.; Fullerton, J. (1998): Diversity in Action – Managing the Mosaic. 2nd Ed., Institute of Personel Development, London.

Krell, G. (2001): Chancengleichheit durch Personalpolitik: Von „Frauenförderung" zu „Diversity Management". In: Krell, G. (Hrsg.): Chancengleichheit durch Personalpolitik, 3. Auflage, Gabler, Wiebaden, S. 17-37

Krell, G. (2004): Managing Diversity: Chancengleichheit als Wettbewerbsfaktor. In: Krell, G. (Hrsg.): Chancengleichheit durch Personalmanagement. 5. Aufl. Wiesbaden. S. 41-56

Ladwig, D. H. (2003): Team-Diversity- Die Führung gemischter Teams. In: Rosenstiel, L. v.; Regnet, E.; Domsch, M. E. (Hrsg.) Führung von Mitarbeitern. Handbuch für erfolgreiches Personalmangement. Stuttgart:Schäffer-Poeschel Verlag, S. 447-459

Lehmann, R.; Bergh, V. d. S. (2004): Internationale Crews: Chance und Herausforderung. In: io new management. Zürich: Verlagsgruppe HandelsZeitung, 73Jg. 2004, Heft 3, S. 27-32

McGrath, J. E.; Berdahl, J. L; Arrow, H. (1995): Traits, expectations, culture and clout: The dynamics of diversity in work groups. In: S. E. Jackson & M. N. Ruderman (Hrsg.): Diversity in work teams: Research paradigms for a changing workplace. Washington, DC: American Psychological Association. S. 17-45

Meier, H. (2004): Internationales Personalmanagement. In Meier, Harald/Roehr, Sigmar (Hrsg.): Einführung in das internationale Management. Herne/Berlin: Verlag Neue Wirtschaftsbriefe, S. 201-230

Milliken, F. J.; Martins, L. L. (1996): Searching for Common Threads: Understanding the Multiple Effects of Diversity in Organizational Groups. In: Academy of Management Review. Vol. 21, Nr. 6, S. 402-433

Moosmüller, A., Spieß E. & Podsiadlowski, A. (2000): International team building: Issues in training multinational work groups. In M. Mendenhall, J.S. Black, T. Kuhlmann & G. Stahl (Hrsg.): Developing global leadership skills. Westport: Quorum Books, S. 211-224

Rastetter, D. (in Druck): Managing Diversity in Teams. Erkenntnisse aus der Gruppenforschung. In: Krell, G.; Wächter, H. (Hrsg.): Managing Diversity und Personalforschung. München, Mering: Hampp Verlag.

Richard, O. C.; Kochan, T. A.; McMillan-Capehart, A. (2002): The Impact of Visible Diversity on Organizational Effectiveness: Disclosing the Contents in Pandora`s Black Box. In: Journal of Business and Management, Vol. 8, Nr. 3. Summer, S. 265-291

Robbins, S. P. (1998): Organizational Behavior: Concepts, Controversies, and Applications, Englwood Cliffs, New Jersey: Prentice Hall, Inc.

Rosenstiel, L. v. (1995): Kommunikation und Führung in Arbeitsgruppen. In: Schuler, H. (Hrsg.): Lehrbuch Organisaiontpsychologie. Bern: Huber

Rosenstiel, L. v.; Regnet, E.; Domsch, M. E. (2003): Führung von Mitarbeitern. Handbuch für erfolgreiches Personalmangement. Stuttgart:Schäffer-Poeschel Verlag, S. 447-459

Sackmann, S.; Bissels, S.; Bissels, T. (2002): Kulturelle Vielfalt in Organisationen: Ansätze zum Umgang mit einem vernachlässigten Thema der Organisationswissenschaften, In: Die Betriebswirtschaft, 62. Jg., 1, S. 43-58

Scholz, C. (1994): Die virtuelle Organisation als Strukturkonzept der Zukunft / Universität des Saarlandes S.462ff.

Sepheri, P. (2002): Diversity und Managing Diversity in internationalen Organisationen: Wahrnehmungen zum Verständnis und ökonomischer relevanz, Rainer Hampp Verlag, München, S. 183f

Singh, V. (2002): Managing Diversity for Strategic Advantage. London: Council for. Excellence in Management and Leadership.

Snell, S. A., Snow, S. C. (1998) Designing and Supporting Transnational Teams: The Human Resource Agenda, Human Resource Management Journal, Summer 1998

Steiner, D. (1972): Group Process and Productivity. New York: Academy Press

Stuber, M. (2002): Diverity Mainstreaming. In: Personal, Heft 3/2002 S. 48-53

Stuber, M. (2002a): Corporate Best Practice: What Some European Organizations Are Doing Well to Manage Culture and Diversity. In: Simons, G. F. (Hrsg.): EuroDiveristy: A Business Guide to Managing Difference, Butterwoth-Heinemann, Boston, S. 134-170

Stumpf, S.; Thomas, A. (1999): Management von Heterogenität und Homogenität in Gruppen. In: Persoalführung, H. 05, S. 36-44.

Tajfel, H. (1981): Human groups and social categories: Studies in social psychology. Cambridge. England: Cam- bridge University Press.

Tannenbaum S. I.; Sales, E. (1996): Promoting Team Effectiveness. In: West, M.A.(Hrsg.): The Handbook of Work Group Psychology, S. 503-527

Thomas, R. R. Jr. (2001):Management of Diversity - Neue Personalstrategien für Unternehmen. Wie passen Giraffe und Elefant in ein Haus? Wiesbaden: Gabler.

Thompson, D. E.; Gooler, L. E. (1996): Capitalization on the Benefits of Diversity through Workteams. In Kossek, E.; Lobel, S. A. (Hrsg.): Managing Diversity. Human Resource Strategies for Transforming the Workplace, Cambridge. Mass./Oxford. S. 392-437.

Turner, J. C.; Tajfel. H. (1986): The social identity theory of intergroup behavior. In: Worchel, S.; Austin, W. G. (Hrsg.): Psychology of intergroup relations. Chicago, IL: Nelson-Hall, S. 7-27

Wagner, D.; Sepehri, P. (2000): Managing Diversity – Wahrnehmung und Verständnis im internationalen Management. In: Personal, Heft 9, S. 456-462

Wagner, D.; Sepehri, P. (2000a): Managing Diversity- Eine empirische Bestandsaufnahmen. In: Personalführung, 7, S. 50-59

Watson, W. ;Kumar, K.; Michaelsen, L. K. (1993): Cultural diversity's impact on interaction process and performance: comparing homogenous and diverse task group. In: The Academy of Management Journal.

Williams, K.; O`Reilly, C. A. (1998): Demography and Diversity in Organizations: A Review of 40 Years of Research. In: Research in Organization Management. Vol. 19, Nr.3, Septermber, S. 295-308